DAS KLOSTER DES HEILIGEN STEPHANOS

DIE KOSTBARKEITEN
DES KLOSTERS DES HEILIGEN STEPHANOS

DIE SAMMLUNG DER NEUEN SCHATZKAMMER

HEILIGE METEORA 1999

Copyright: Kloster des Heiligen Stephanos
Meteora 422 00 Kalabaka, Tel. (0432) 22279, fax (0432) 25100

ISBN 960-85455-9-5

Texte, Redaktion, Gestaltung:
Kloster des Heiligen Stephanos

Fotos:
Spyros Mantzarlis, Studio Contrasto, Tel. (01) 6722410, Athen

Farbentrennung, Filme, Montage:
Print Colour, Dimitris Saringalas & Co. OHG, Tel. (0431) 76290, Trikala

Druck:
Thrasyvoulos Vojatzoglou, Tel. (0431) 26635 Trikala

Übersetzung:
Liselotte Zürcher-Giannakopoulou, Tel. (031) 240482, Thessaloniki

Umschlagabbildungen:
Vorderseite: Detail einer Umschlaghülle eines Evangeliums. 1576.
Rückseite: Detail eines Holzkreuzes. 18. Jh.

VORWORT
DES HOCHWÜRDIGSTEN METROPOLITEN

Mit der Herausgabe des Führers über seine Schatzkammer, in dem das Kloster des Heiligen Stephanos seine bedeutendsten Kleinodien präsentiert, fügt es den bis heute bereits ausgeführten Arbeiten ein weiteres wichtiges Werk hinzu.

Dieser Führer wird Besuchern und Besucherinnen, Pilgern und Pilgerinnen helfen, sowohl den Reichtum und den wahren Wert dieser Schätze unseres orthodoxen Glaubens als auch den großen Beitrag des Klosters zur Kultur unseres Landes kennenzulernen.

Diese ausdrucksstarken Objekte, die einen handfesten Beweis für die langjährige Geschichte des Klosters bilden und die wir "Kostbarkeiten" nennen, dürfen den Besuchern nicht unbekannt und unzugänglich bleiben und auch nicht nur für wenige kurze Momente in den Vitrinen der Schatzkammer zu besichtigen sein. Vielmehr sollte es möglich sein, sie anhand der verständlichen und kurzgefassten Beschreibungen in diesem Führer zu studieren, so dass das Kennenlernen wesentlich und der geistige Nutzen für den Leser bzw. die Leserin groß und aufbauend ist.

Mit besonderer Freude begrüßen wir deshalb den Entscheid des Klosters, diesen Führer über die neue Schatzkammer herauszugeben und wünschen diesem redlichen Bemühen von ganzem Herzen Gottes Segen.

Mit väterlichem Segen

Der Metropolit von Stagi und Meteora

† Seraphim

VORWORT DER ÄBTISSIN

Mit der Gnade Gottes sind wir nun in der angenehmen und ehrenvollen Lage, diese kurzgefasste Übersicht über die heiligen Kostbarkeiten, die in der neuen Schatzkammer unseres Klosters aufbewahrt werden, zu überreichen. Diese Präsentation - eine Frucht gemeinsamer Arbeit der Nonnen unseres Klosters - bildet den Abschluss einer Reihe von Aktivitäten zur Rettung und Auszeichnung unseres heiligen Kleinodien-Reichtums.

In den Meteoraklöstern, an dieser Kreuzung von Orthodoxie, Griechenland und Kultur, wirkte die göttliche Gnade und Fürsorge immer wohltuend und fruchtbar. Oft, wenn wir uns die Schwierigkeiten der Klöster in den frühen 60er Jahren dieses Jahrhunderts in Erinnerung rufen, überschwemmen uns für dieses höchste Geschenk des Wiederaufbaus und des gleichzeitigen Aufblühens unseres geweihten Klosterzentrums Gefühle unendlicher Dankbarkeit und Lobpreisung unserem gütigsten Gott gegenüber.

Unserer Zeit einen Ausgleich entgegenzuhalten, erfordert überdies eine Haltung der Echtheit, Tugend, Geduld und Liebe. Das orthodoxe Mönchtum antwortet betend und mit ungeteilter Zuneigung und Verständnis auf das zeitgenössische Suchen und Hinterfragen der gepeinigten Welt. Es schöpft aus der jahrhundertealten Tradition der Heiligen unserer Kirche, zeigt Vorbilder des Lebens und der Rettung auf und bleibt dabei zeitüberdauernd, zeitgemäß und wesentlich.

Wir möchten an dieser Stelle allen, die mit ihrer Arbeit zum Schutz und zur Auszeichnung des kulturellen Erbes der Meteora beitragen, sowie allen Mitarbeiterinnen und Mitarbeitern an der vorliegenden Ausgabe für ihre vorzüglichen Hilfestellungen und ihre konstruktive Zusammenarbeit gratulieren und unseren wärmsten Dank aussprechen.

An unseren Heiligen Dreieinigen Gott richten wir die herzliche Bitte, dass unser Kloster Rettungshafen für die hier lebenden Nonnen bleiben möge, mitmenschliche Unterstützung für die Bittenden, Bollwerk und Bewahrer der orthodoxen Auffassung, unseres nationalen Selbstverständnisses und unserer kulturellen Identität.

Die Äbtissin

Nonne Agathe

EINLEITUNG

Auf den schroffen, schwebenden Felsen, ganz oben auf den imposanten Spitzen, die aussehen, als hätten sie sich erhoben, um den Gehorsam der Koinobiter zu beherbergen und in den Höhlen, von denen man meint, sie seien beim Warten auf die Askese der Anachoreten gekerbt worden, hier oben wirkt in ununterbrochener Kontinuität die Erfahrung des orthodoxen mönchischen Lebens. Die Erfahrung der Heiligen, der Väter, der Kämpfenden, der Liebenden, der Unscheinbaren und der Berühmten. Gleichzeitig jedoch auch eine Erfahrung, die riesige Errungenschaften im Bereich der Kunst und der Kultur und einen wesentlichen Beitrag zur Erhaltung unserer nationalen Identität, zur Förderung des Geistes und der anstrengenden Kultivierung unseres Volkes sowie zum umfassenderen Ausdruck und der Darstellung unserer Tradition aufzuzeigen hat.

Den gottbegeisterten asketischen Eifer der Mönche und ihre geistige und künstlerische Strebsamkeit stützte und inspirierte auch die einzigartige Landschaft der Meteora kreativ. Doch umgekehrt erwiderten die Mönche auch großzügig ihre Gnade. Diese Felsen wurden zum Stadion ihrer Kämpfe, zum Ort der Zerknirschung, zum Empfänger von Tränen und Hoffnungen, zum Sprungbrett der inneren Erhebung, zum Begleiter ihrer Befreiung und ihrer Rettung. Sie hörten ihr Flehen und ihre Lobpreisungen an Gott. Sie wurden zu Zeugen der Niederlage der Dämonen durch die Kämpfenden und zu Zeugen der Besuche Gottes bei den Gottesoffenbarungen der Heiligen. Das von den Märtyrern für ihren Glauben und ihre Heimat vergossene Blut tränkte diese Felsen. Sie wurden mit den Reliquien von Heiligen bestreut. Sie wurden die Heiligen Meteora.

In Momenten, wo unzählige Berichte über die Kultur mit ihrer tiefsten Krise und ihrer Schwächung, mit der Einbusse an Ansehen und der Geringschätzung der überwältigenden Mehrzahl der modernen Kulturvorschläge einhergehen, begnügt sich das orthodoxe Mönchtum damit, als kultureller Selbstausdruck zu leben. Indem es von kultureller Weiterbildung und der Ausarbeitung von Programmen fernblieb, zeigte die volkstümliche Frömmigkeit und die Erfahrung der Mönche in der Gottesverehrung die wahre Größe der Kultur und unbesiegbare Vorbilder vor. Es ist das göttliche Geschenk der zahlreichen Gnadengaben am Angebot des Lebens und der Entsagung.

Dieses Buch wurde geschrieben, um die Liebe und die Fürsorge der zeitgenössischen Mönche und Nonnen diesem heiligen Vermächtnis gegenüber auszudrücken und ihre Ehre und Ehrerbietung gegenüber den geweihten Gegenständen der Gottesverehrung und des Gebetes - den Schätzen der Orthodoxie und der Kultur - zu zeigen. Es möchte auch die nicht abreissende kulturelle Kontinuität deutlich machen, die in den orthodoxen Koinobien verwirklicht wird, welche aktive Träger unserer Tradition und unserer Kultur sind.

Einer der mystisch-asketischen Väter unserer Kirche, der Abt Dorotheos, beschreibt das Bewusstsein des Mönchs auf folgende Weise: "Er möchte das Bewusstsein für Gott, für seine Nächsten und für die materiellen Dinge bewahren". Dies ist übrigens auch die dreifache Dimension der Kultur. Sie wird Gott als Hingabe geschenkt, funktioniert schöpferisch für die Menschen und bietet sich über ihre materiellen Träger, wie sie die Denkmäler sind, an. Indem wir also unsere Schuld gegenüber der Kultur erfüllen, drücken wir gleichzeitig auch unser Bewusstsein als Nonnen und Mönche aus.

Es ist unser Wunsch an die Leser/innen und Besucher/innen des Klosters, den Reichtum an Kostbarkeiten kennenzulernen, am tieferen Symbolgehalt und der Bedeutung teilzuhaben und zum Ursprung und seinem ästhetischen Wert, zur Freude und zum Segen des Heiligen Dreifaltigen Gottes geführt zu werden.

KURZER ÜBERBICK ÜBER DIE GESCHICHTE DES KLOSTERS

Zur Zeit seiner historischen Blüte zählte das Mönchszentrum der Meteora 24 Klöster und eine Vielzahl an Asketerien, Höhlen, Klausuren und Kapellchen.

In den für Gott erbauten Burgen, verstreut in den Höhlen und auf den Spitzen der imposanten Felsen, dort, wo die Zeit auf den Eifer und das Verlangen, die Hingabe und das Opfer der ersten Mönche stieß, trifft man auch heute mit den Erinnerungen und der Kultur dieses Ortes die ruhmvolle Hingabe an den gütigsten Gott.

Parallel dazu verläuft die geschichtliche Präsenz des Klosters des Heiligen Stephanos. Auf der Suche nach den bezeugten Anfängen seiner historischen Vergangenheit gelangen wir ins letzte Jahr-

Ansicht der Südostseite vor und nach den Renovierungsarbeiten

zehnt des 12. Jahrhunderts. Einer von zahlreichen Reisenden und Forschern erwähnten Inschrift in der Nähe des Klostereingangs zufolge, steht das Jahr 1192 mit der Anwesenheit von Jeremias in Verbindung, des wahrscheinlich ersten Asketen, den dieser Felsen beherbergte.

Als Gründer des Klosters werden die Heiligen Antonios und Philotheos erwähnt und geehrt. Der heilige Antonios, den die Tradition mit der bekannten byzantinischen Familie der Kantakouzenen in Verbindung bringt, war hier ungefähr in den Anfängen des 15. Jahrhunderts Mönch, der heilige Philotheos in der Mitte des 16. Jahrhunderts. Unser Kloster feiert das Andenken an die beiden heiligen Gründer am 17. Januar.

Zu den ältesten Gebäuden des Klosters zählt das alte Katholikon (die Kirche des Heiligen Stephanos). Zum ersten Mal soll es Ende des 14. Jahrhunderts errichtet worden sein. Gegen Ende des 16. Jahrhunderts wurde die Kirche vom heiligen Philotheos von Grund auf neu renoviert. Aus dem selben Jahrhundert stammen auch ihre Wandmalereien.

Im Verlauf seiner Geschichte kam das Kloster in den Genuss des hohen Schutzes und Beistands angesehener Häuser von Byzanz, der Donauländer und des Ökumenischen Patriarchats von Konstantinopel und wurde als "königliches" Kloster und "Stavropegion" anerkannt, was bedeutet, dass das Kloster dem Patriarchat direkt unterstellt war.

Im Jahr 1398 schenkte der Hegemon der Walachei Bratislav dem Kloster das Haupt des heiligen Charalambos, ein Hort unerschöpflicher wohltätiger Gnade und Segens.

Der Heilige und Märtyrer Charalambos wurde zum zweiten Schutzheiligen des Klosters, und man weihte ihm das neue Katholikon (die Kirche des Heiligen Charalambos), das im Jahr 1798 unter Abt Ambrosios gebaut wurde.

Besonders bemerkenswert sind das holzgeschnitzte Templon (die Chorwand) im Kircheninnern, ein von Handwerkern aus Metsovo geschaffenes Kunstwerk, wie auch die entsprechenden Proskynetarien (kleine Votivkapellen) aus dem Jahr 1836.

Die Kirche des Heiligen Charalambos wird derzeit vom talentierten und geschätzten Ikonenmaler Vlassios Tsotsonis mit Heiligenbildern geschmückt, der schöpferisch den Vorbildern anderer Katholika der Meteoraklöster und der Tradition der Kretischen Schule der Ikonenmalerei folgt.

Von großer Bedeutung war das Angebot des Klosters an die Nation und im Bereich der Bildung. Bezeichnend sind Fälle, wie jener des bekannten Gelehrten, des Hierarchen Dorotheos Scholarios, der hier studierte, ebenso wie die Aktivitäten des Abtes Konstantios (im 19. Jh.), der in Kalambaka die Konstantios-Schule gründete, wie auch der Betrieb des Waisenhauses und der Grundschule in den siebziger Jahren dieses Jahrhunderts unter der Verantwortung des Klosters.

Vom Beitrag zu den nationalen Kämpfen seien hier die Einrichtung des Sitzes des "Führers der Exekutivgewalt" des makedonischen Kampfes erwähnt und die Gefangennahme des Klostervorstehers während der Besatzungszeit aufgrund seiner Aktivitäten im Widerstand.

1961 wurde das Kloster in ein Frauenkloster umgewandelt. Den ersten Nonnen, die sich hier niederließen, gelang es mit Gottes Gnade trotz besonders ungünstigen Bedingungen ihr Kloster als Koinobion zu organisieren und es baulich zu verbessern.

Unter der einsichtigen Führung ihrer geistigen Verantwortlichen und mit dem väterlichen Segen des den Mönchen und Nonnen wohlgesonnenen Hirten, des hochverehrten Metropoliten Seraphim von Stagis und Meteora, behält die heutige Schwesternschaft des Klosters das koinobitische System und die auferlegte orthodoxe Klosterordnung bei.

Die Ausübung des unverfälschten Nonnenlebens getreu der Vorschriften der heiligen Väter und der orthodoxen Kirche, ist das wichtigste Anliegen unserer Schwesternschaft. Dabei vergessen wir jedoch auch die sozialen Tätigkeiten und die geistige Stützung der Besucher nicht, die aus der wundertätigen Gnade unserer Heiligen schöpfen. Gleichzeitig bemüht sich das Kloster bewusst darum, sich mit der Fortsetzung seines Angebotes an Nation, Bildung und Kultur seiner Geschichte als würdig zu erweisen.

Dank der kreativen Initiativen des Hegemonialrates und mit der Genehmigung des 7. Amtes für Byzantinische Altertümer kommt im letzten Jahrzehnt ein mehrdimensionales Programm zur Registrierung, Belegung, Restaurierung und zur

Die Südseite der Kirche des Hl. Charalambos

Pflege des Kleinodien-Reichtums des Klosters zur Anwendung.

So wurde ein bewundernswerter Wiederaufbau vollzogen, der sich auf die Planung, Bautätigkeiten und die wohltuende Beteiligung des Architekten Sotirios Tzimas stützte, dessen inspirierende Anwesenheit in den meisten der Meteoraklöster entsprechenden Werken seine Prägung verlieh.

Unter der Verantwortung der Schwestern steht auch die Katalogisierung vieler der tragbaren Kostbarkeiten des Klosters, zu deren Schutz besondere Maßnahmen getroffen werden.

Besonderer Eifer und Sorgfalt kommt der Pflege unserer byzantinischen Musik-Tradition zu, die den Gottesdiensten und Feierlichkeiten Glanz verleiht.

Weiter werden in unserem Kloster Ateliers für Ikonenmalerei, Kalligraphie und Verzierung von Handschriften, für Goldstickerei, Näharbeiten, die Herstellung von Weihrauch und Kerzen sowie für verschiedene Handarbeiten betrieben, die alle bemerkenswerte Leistungen hervorbringen.

DIE RÄUMLICHKEITEN
DER NEUEN SCHATZKAMMER

DAS ALTE REFEKTORIUM

Die neue Schatzkammer, wo heute die wertvollsten der tragbaren Schätze ausgestellt werden, war früher das Refektorium des Klosters.

Die letzten Renovierungsarbeiten am Gebäude brachten neue Angaben ans Licht, die uns dabei helfen, ein vollständigeres Bild von seiner Geschichte und seiner Entwicklung zu bekommen.

Die Materialien und die Bautechnik des Gebäudes sowie seine funktionelle Integration in den Gesamtraum des alten Flügels unseres Klosters (Katholikon, Bäckerei, erste Zellen) führen uns dazu, es chronologisch auf das Ende des 14. Jahrhunderts zu datieren, wo wir dem alten Katholikon in seiner ersten Form begegnen.

Laut einer noch erhaltenenen Inschrift ließ im Jahre 1852 der bekannte und rührige Klostervorsteher Konstantios das Gebäude renovieren. Im Laufe der Zeit und mit den baulichen Erweiterungen verwendete man den Raum nicht mehr weiter als Refektorium, und 1972 beschloss man, dort die Kleinodien der neuen Schatzkammer unterzubringen.

Im Rahmen der umfassenderen Aktivierung des Klosters im Zusammenhang mit der Rettung und Auszeichnung seines Reichtums an Andenken und Kostbarkeiten wurde 1991 die Renovierung des Gebäudes und die Neuorganisierung der Schatzkammer beschlossen.

Die Verantwortung für die Planung und Durchführung des Auftrags übernahm der Architekt Sotirios Tzimas auf Genehmigung und unter der Oberaufsicht des Vorstehers des 7. Amtes für byzantinische Altertümer in Larissa, Herrn Lazaros Deriziotis. Zur besseren Einteilung der Kostbarkeiten und um den Besucherstrom bewältigen zu können, wurde dem Gebäude auch das danebenliegende Erdgeschoß mit den Zellen angegliedert.

Zu den Hauptanliegen des Klosters gehörten neben dem Erhalt und dem Wiederaufbau des

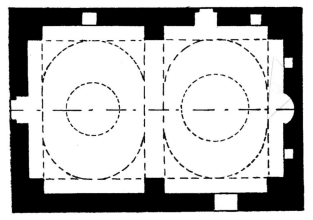

Grundriss des Gebäudes des alten Refektoriums. (Aus dem Buch von Anastassios Orlandos, Klosterarchitektur, S. 49)

Mit dem Einsetzen der Arbeiten wurde die Entfernung der Verputze vorgenommen. So wurde die Steinstruktur aufgedeckt, und es kamen unbekannte architektonische Elemente ans Licht, wie die beiden Konchen beiderseits der Gottesmutter Platytera

Innenansicht der Schatzkammer in der heutigen Form

Gebäudes auch die Gewährleistung des entsprechenden Mikroklimas, das zum Schutz der Gegenstände notwendig ist, sowie die entsprechenden Beleuchtungsbedingungen.

Je nach Art und Thematik wurde die Anordnung der Kostbarkeiten so vorgenommen, wie es die vom Raum auferlegten Beschränkungen zuließen. Auch der Respekt gegenüber der Architektur und der Ästhetik des Gebäudes selbst, die nicht verletzt, sondern im Gegenteil aufgewertet werden, verleihen dem allgemeinen Ganzen eine beneidenswerte Harmonie und schaffen eine Atmosphäre, die zu Ideen und Erfahrungen aus der Vergangenheit anregt, aus denen wir Kraft schöpfen und aus denen wir lernen.

Bei diesem ganzen Bemühen um den Betrieb der neuen Schatzkammer spielten die Nonnen unseres Klosters eine Hauptrolle und beteiligten sich aktiv und mit großem persönlichem Einsatz. Sie trugen auch die Verantwortung für die notwendige Zusammenarbeit mit den Fachleuten, die Anordnung der Gegenstände, die Pflege des Raumes und die endgültige Erledigung aller Themen.

So gingen Kunstfertigkeit mit Fachwissen, Koordination mit persönlichem Einsatz und Freu-de am Werk mit uneigennützigem Angebot einher in einem Ausdruck der Seele und des kreativen Schaffens, in einer Erwiderung der Ehre und des Respekts gegenüber dem Wert und dem Angebot, das uns von jenen weitergegeben wurde, die uns vorausgingen und diesem Glauben dienten, der eine solche Kultur hervorbrachte.

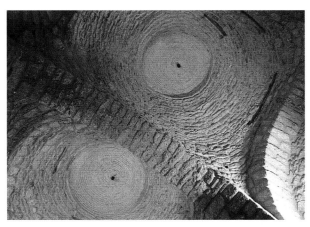

Mit dem Abschluss der Arbeiten wurde die Großartigkeit der Architektur des Gebäudes mit den Kuppel- und Bogenkonstruktionen zur Geltung gebracht

DIE HEILIGEN KOSTBARKEITEN
BEMÜHEN UM IHRE RETTUNG
UND IHRE AUSZEICHNUNG

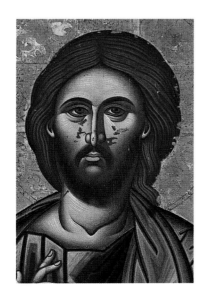

Die besondere Bedeutung der sakralen Kunst

Die Orthodoxie ist im Ausdruck und in der Dynamik ihrer Bedeutung eine kulturelle Größe und Lebensweise sowie eine Haltung gegenüber Gott, dem Menschen und der Schöpfung, eine Quelle und Nährmutter von Bildung, Kunst und ästhetischen Werten.

Die erste Quelle zur Unterscheidung der sakralen Kunst ist ihr Charakter und ihr Einsatz als Verehrungskunst. Das Ziel der Motive und Absichten ihrer Erschaffer ist nicht allein die Befriedigung ästhetischer Werte. Diese Kunst entstand als Ausdruck der Hingabe und des Dienens für Gott, und kam deshalb in die Gnade, als Kulturwerk ausgezeichnet zu werden.

Eine zweite Quelle zur Unterscheidung der sakralen Kunst ist ihre Rolle und ihre Beteiligung an der Lehre der Kirche, am Ausdruck der Dogmen, der Regeln und der Grundsätze des orthodoxen Glaubens sowie bei der Herausbildung einer kirchlichen Auffassung und eines Bewusstseins der Gläubigen.

Architektur, Ikonenmalerei, Musik, Bildhauerkunst und alle Formen sakraler Kunst waren keine kulturellen Nachbildungen ästhetischer Vorbilder und künstlerischer Kriterien, die für die weltliche Kunst gelten. Im Gegenteil waren sie die Mittel zum Ausdruck und zur Vermittlung der Dogmatik und des Lebens unserer Kirche.

Form, Inhalt und Symbolik der sakralen Kunst stehen in direktem Zusammenhang mit dem eingeweihten Leben und der Erfahrung des Heiligen Geistes der Kirchenmitglieder, mit dem Eingreifen der göttlichen Gnade und Heiligung, die als Segen und Wiedererschaffung den ästhetischen Wert und die Kultur anbietet.

Jede Annäherung an die sakrale Kunst, die diese Beziehung und die Bezugnahme auf das Göttliche sowohl hinsichtlich der Motivationen als auch hinsichtlich des Zwecks ihres Schaffens marginalisiert, verkennt im Wesentlichen ihren wahren Wert und ihre Bedeutung und unterschätzt und verfälscht ihren tieferen Sinn und ihre Botschaft.

Die heiligen Kostbarkeiten der neuen Schatzkammer

In den Kloster-Schatzkammern überliefert und ehrt man die Heiligkeit der Kostbarkeiten, da mit ihrer Ausstellung vor einer breiteren Öffentlichkeit nicht nur auf ihre Darstellung als Kulturgüter abgezielt wird. Was im Wesentlichen ausgezeichnet wird, ist ihr doppelter Charakter als geweihte Verehrungsgegenstände und als Kunstwerke.

Anhand der tragbaren Kostbarkeiten des Klosters wird uns ein ganzer Reichtum künstlerischen Schaffens angeboten. Tragikonen, goldbestickte Stoffe, liturgische Geräte und illuminierte Handschriften zeugen von einer intensiven kulturellen Blüte und sind gleichzeitig Ausdruck der Lobpreisung und Ehrerweisung Gott gegenüber.

In der Geschichte des Christentums verband man die heiligen Ikonen, in denen Leben fließt, mit ihrer wundertätigen Gnade, mit der Erwähnung von Bitten und Lobpreisungen der Gläubigen und mit den Märtyrerkämpfen für ihre Verteidigung und ihre Wiedereinsetzung.

Sie wurden aus alten Ikonostasen (Bilderwände) von Klosterkirchen gesammelt, man hatte mit ihnen auf den Altaren Messen gelesen, sie wurden bei Prozessionen an Kirchweihfesten eingesetzt, und heute werden sie in der Schatzkammer unseres Klosters aufbewahrt. Viele folgen byzantinischen Vorbildern, andere wiederum weisen deutliche Einflüsse des westlichen Stils auf oder gehören der Tradition der volkstümlichen Kunstmaler an.

Zur Sammlung der Stoffe gehören Priestergewänder, Epitrachelien (der Stola ähnliche, um den Hals getragene Bänder der Priester), Manipeln (zum Messgewand gehörendes, über dem Unterarm getragenes Schmuckband), Epigonatien (schürzenartige Tücher) sowie ein gesticktes Epitaphion (Grabtuch Christi), das in der Tat unter den Ausstellungsgegenständen in seiner Außergewöhnlichkeit besonders hervorsticht. Man kann das beeindruckende Zusammenspiel der mit Schönheitssinn begnadeten Ästhetik mit dem Passionsgottesdienst und der unübertroffenen Kunstfertigkeit eines goldbestickten Epitrachelions entdecken, das die Reue und Vergebung derjenigen begleitete, die zum Sakrament der Beichte herkamen.

Die Ehre und der Respekt gegenüber der Heiligkeit der Gegenstände erleben ihren Höhepunkt bei den liturgischen Geräten, mit denen das Altarsakrament vollzogen wird. In der Schatzkammer werden eine Serie von Abendmahlskelchen, Hostiendosen, heiligen Lanzen und Kommunionslöffeln, Zeon (kleine Behälter für kochendes Wasser) sowie Hilfsgeräte für den Gottesdienst aufbewahrt.

Eine weitere bedeutende Kategorie der Kostbarkeiten bilden die Kreuze, die uns die Botschaft und die Symbolik des Leidens, des Opfers, der Demütigung und der Geduld vermitteln. Unter ihnen finden wir einige Brustkreuze sowie Benediktions-, Weih- und Prozessionskreuze.

Gürtel und Schnallen machen einen weiteren Bereich aus. Viele davon sind Priestergürtel und -schnallen, andere wiederum wurden dem Kloster von Menschen aus dem Volk geschenkt.

Zeugnisse und Träger der Geschichte und Kultur sind die handgeschriebenen Kodizes, die mit ihrer Anwesenheit die Schatzkammer zieren, sowie eine Reihe wertvoller alter Drucke (palaitypa) und Urkunden. Unter den Handschriften gibt es hinsichtlich ihrer künstlerischen Ausschmückung und der Sorgfalt der Schrift auch Beispiele einzigartigen byzantinischen Stils.

Weiter werden in der Schatzkammer auch der Bischofsthron und die Bematüren des Templon der Kirche des Heiligen Stephanos aufbewahrt.

Bestandsaufnahme, Belegung, Unterhalt

Zu den wichtigsten Aufgaben unseres Klosters zur Erhaltung und Auszeichnung der tragbaren Schätze gehörte die Bestandsaufnahme und die Belegung der Kleinodien.

Darunter fallen die Beschreibung von Anzahl, Zustand sowie Gestalt und Stil der Kostbarkeiten, ihre Wertschätzung mittels der Wiedergabe der Stiltendenzen und der vergleichenden Entsprechungen in Kunst, Geschichte und Einflüssen der zeitgenössischen Werke.

Es ist vorgesehen, das Ergebnis dieser Bestandsaufnahme mittels elektronischer Datenverarbeitung zu organisieren, um eine einfachere Wiedergabe sowohl hinsichtlich der Struktur als auch hinsichtlich des Datenaufrufs zu gewährleisten.

Aus diesem Grund wurde vor drei Jahren ein Modellprogramm für die elektronische Bestandsaufnahme erstellt, das die Registrierung von Daten zur Identität der Gegenstände, zu ihrer Geschichte, ihren stilistischen Eigenschaften, zum Ausmaß der Beschädigungen sowie weitere nützliche Informationen vorsieht.

Die Belegung wird durch die fotografische Abbildung all dieser Angaben ergänzt. Beim Prozess der Erfassung, der Forschung und der Auszeichnung der Kunstwerke ist das fotografische Abbilden die genaueste Methode.

Das Fotografieren der Kostbarkeiten wurde dem bekannten Berufsfotografen Spyros Mantzarlis anvertraut. Die Art und die Perspektiven der Fotografie wurden aufgrund der abzubildenden Besonderheiten bestimmt.

Die erste Phase umfasste das Fotografieren jedes einzelnen Gegenstandes, wobei mit der Wiedergabe der allgemeinen Merkmale und des Zustandes ein Gesamtbild jedes Objektes festgehalten wurde. Auf diese Weise wurden Tragikonen, Stoffe, Evangelien, holzgeschnitzte Kreuze und liturgische Geräte, also die Gesamtheit der tragbaren Kleinodien des Klosters abgebildet.

In einer zweiten Phase wurden einige besondere Aufnahmen im Zusammenhang mit der Wiedergabe der stilistischen Eigenschaften und der künstlerischen Besonderheiten gemacht. Die Abbildung dieser Details gab die Gelegenheit zur Auszeichnung der Kunstfertigkeit und des schöpferischen Reichtums der Künstler. So wurden auf ausdrucksstärkste Weise der Sinn und die Mystagogie (Einweihung) der Passion, die Kraft und der Symbolgehalt der Figuren, die Direktheit und die Sanftheit der Eigenschaften wiedergegeben, die die Schönheit und Qualität der Innenwelt enthüllen.

Bei der Wiedergabe von Gliedern des menschlichen Körpers oder auch von Randthemen, die künstlerisch das Hauptthema der Werke ergänzen, wurden kennzeichnende Details aufgespürt und fotografisch abgebildet. Entsprechende Bedeutung wurde auch der Wiedergabe von Details aus der kunstvollen Verzierung der Werke beigemessen. Die Kompositionen von Darstellungen vieler Personen bildeten einen weiteren Bereich der fotografischen Abbildung. So haben wir eine vergleichende Darstellung von gleichen Figuren und Situationen, wie diese auf dem unterschiedlichen Material jedes

Gegenstandes wiedergegeben wird. Darüberhinaus wurde auch die Bildhaftigkeit der Figuren, ihre Bewegung sowie ihre Anordnung im Raum wiedergegeben.

Besondere Aufnahmen wurden auch von Angaben gemacht, die im Zusammenhang mit der Identität der Gegenstände standen, wie zum Beispiel von Unterschriften der Urheber, von Daten, verschiedenen Inschriften usw. Ebenfalls erfolgte eine genaue Abbildung der Schäden.

Durch das Fotografieren der Schätze wurden über die Annäherung und die Darstellung von Themen und Details auch ihr künstlerischer und ästhetischer Wert ausgezeichnet, was bei einer üblichen Besichtigung nicht selten übergangen wird.

Das fotografische Material, Fotos und Dias, wurde anhand der Themen auf eine leicht verständliche und praktische Weise so organisiert und eingeordnet, dass es der Forschung und Wissenschaft als nützlicher Führer dienen kann.

Der größte Teil der Kostbarkeiten wird jedoch in der alten Schatzkammer des Klosters aufbewahrt. Dabei handelt es sich vor allem um Handschriften und alte Drucke von Kodizes und Dokumenten sowie um alte Ikonen, Stoffe und Silberschmiedearbeiten.

Die Aufbewahrungsbedingungen waren sehr ungünstig, sowohl was den Zustand des Gebäudes anbelangt, als auch hinsichtlich der Lagerung der Gegenstände selbst in diesem Gebäude. Aus diesem Grunde wurden Arbeiten zur Renovierung des Gebäudes durchgeführt und neue Vitrinen zur Aufbewahrung der Kleinodien hergestellt.

Die Registrierung der Handschriften übernahm der gelehrte Professor der Ionischen Universität und Direktor des "Zentrums zur Erforschung des Hellenismus des Mittelalters und der Neuzeit" der Akademie von Athen, Herr Dimitrios Sofianos. Die Forschungsarbeit von Herrn Sofianos über die Handschriften der Meteoraklöster war für ihn selbst ein Lebenswerk und eine Quelle unschätzbaren Angebotes an Geschichte und Wissenschaft. Die Meteoraklöster werden in seiner Person immer den Wohltäter und Förderer ihrer zeitgenössischen Geschichte erkennen und schätzen.

Der Katalog der Handschriften des Klosters des Heiligen Stephanos wurde 1986 - nach dem Abschluss der Forschungsarbeit von Herrn Sofianos - vom "Zentrum zur Erforschung des Hellenismus des Mittelalters und der Neuzeit" der Akademie von Athen herausgegeben. Es wurden 154 handschriftliche Kodizes beschrieben und katalogisiert, unter ihnen 4 auf Pergament und die übrigen auf Papier, die in die Zeit zwischen dem 11. und dem 19. Jahrhundert zurückdatiert werden können.

Hinsichtlich ihres Inhalts kommen die Kodizes den klassischen Bedürfnissen einer Klosterbibliothek nach. So haben wir Liturgie-Bücher, Priestertexte, hymnographische, hagiologische, dogmatische Kodizes sowie Forschungstexte etc. Von großer Bedeutung ist außerdem die Sammlung der Rechts- sowie der Musikkodizes -des Klosters. Daneben gibt es natürlich auch nicht-kirchliche Bücher allgemeineren Inhalts.

Während also zu den Handschriften die oben erwähnte, äußerst wertvolle Studie von Herrn Sofianos vorausgegangen war, war den alten Drucken keine entsprechende Gunst beschieden. Im Gegenteil dazu blieb die Gesamtheit der alten Drucke unter ungünstigsten Aufbewahrungsbedingungen liegen, der Forschung unzugänglich und mit nur sehr wenigen diesbezüglichen Informationen.

Die Registrierung der alten Drucke übernahmen die Nonnen unseres Klosters. So trafen die Freude an der Arbeit und die Inspiration der Zeitgenossinnen auf die Kreativität und das Vermächtnis ihrer Vorgänger; deren Erinnerungen, Ikonen und Erfahrungen begegneten unserem Suchen und unserem feinfühligen Interesse.

Der allgemeinen thematischen Einordnung der Bücher folgte die Registrierung ihrer Angaben, die für jedes einzelne getrennt vorgenommen wurde. So wurden Daten registriert, die Titel und Inhalt, den Verfasser sowie andere notwendige Informationen zum Buch betrafen. Außerdem wurden Daten wie die Seitenanzahl jedes Buches und das Fehlen von Buchdeckeln oder Buchrücken festgehalten. Der Zustand, in dem jedes Buch angetroffen wurde, wurde beschrieben und auf das Fehlen oder den Verschleiß des Einbandes hingewiesen.

Nach der Registrierung nahm man entsprechend ihrer Thematik und ihres Entstehungsdatums die umfassende Einordnung der Bücher in Teilkategorien und Unterkategorien vor, und jedes wurde mit einem Kode versehen, der für die Kombination der Zahlen und Buchstaben steht, die die Einteilung jedes Buches in die entsprechende thematische Einheit angeben. Insgesamt zählte man 852 alte Drucke (palaitypa).

Eine allgemeine Einteilung erfolgte nach folgenden Themenbereichen: Theologie, Philologie, Literatur, Geschichte, Philosophie, Rechtswissenschaften u.a., mit zahlreichen Untergruppen in jedem Bereich.

Drei der wichtigsten und ältesten Palaitypa sind in den Vitrinen der neuen Schatzkammer ausgestellt. Es sind dies die "Politika" von Aristoteles, gedruckt im Jahr 1498 und die Wörterbücher von Suidas und Varinos Favorinos aus dem Jahre 1499.

Nachdem die allgemeineren und wichtigeren Notwendigkeiten im Zusammenhang mit der Pflege der Kleinodien erfüllt worden waren, war die zweite wichtige Etappe der zeitgenössischen Aktivitäten unseres Klosters die Entscheidung hinsichtlich ihrer Restaurierung. Im Bereich der Restaurierung wurde den Handschriften, Urkunden und alten Drucken des Klosters je nach ihrer Bedeutsamkeit und der Gefährdung ihres Zustandes Priorität eingeräumt. Ihre Behandlung wurde den erfahrenen und kompetenten Restauratoren für Altertümer Nikolaos Alimbertis, Konstantinos Vettas, Dimitrios Karvelas und Ioannis Papaioannou anvertraut.

Die Restaurierung der Kodizes sieht zwei Stadien vor, die präventive Restaurierung der Gesamtheit der Kodizes und die umfassende Restaurierung jedes einzelnen Kodizes. Zur präventiven Restaurierung gehören das Entstauben der Bücher Blatt für Blatt und das Entfernen fremder Substanzen (Kerzenwachs, Schmutz usw.). Nach ihrer Reinigung wurden die Handschriften mit desinfizierendem Kampfer in spezielle Kartonschachteln gelegt, die die Beibehaltung eines geeigneten Mikroklimas im Innern der Schachteln mit erhöhtem pH für eine langfristige Aufbewahrung und für ihren besten Schutz vor der Umgebung gewährleisten.

Nachdem die alten Drucke auf die gleiche Weise gereinigt worden waren, wurden sie unter Zusatz von desinfizierendem Kampfer mit Sonderhüllen versehen, die entsprechend den genauen Maßen jedes einzelnen Buches angefertigt worden waren. Die Urkunden schließlich steckte man in besondere Pappumschläge, die die notwendigen Voraussetzungen für deren Schutz erfüllen.

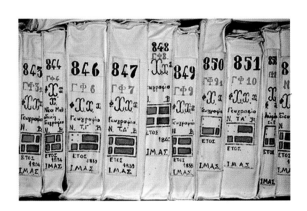

Zur umfassenden Restaurierung jedes einzelnen Kodexes gehört die Trennung der Buchbindematerialien vom Buchblock. Darauf folgt das Lösen des Kodexes und seine Aufteilung in Hefte. Anschließend erfolgt die mechanische Reinigung der Blätter und das Waschen des Papiers. In der Folge trocknen die Blätter auf einem besonderen Trockner, und dann werden sie gestärkt. Die Schlussphase umfasst das Nähen des Kodexes (unter Beibehaltung der Art der Bindung, die bereits bestanden hatte), die Wiedereinsetzung der Holzdeckel nach ihrer erforderlichen Restaurierung und schließlich die Restaurierung und das Aufkleben des Buchbinderleders auf die Holzdeckel.

Die Restaurierung der Handschriften und alten Drucke brachte eine Reihe handschriftlicher Blätter aus Papier und Pergament ans Licht, die für die Verstärkung der Bindung einiger Kodizes gebraucht worden waren. Diese Funde müssen Gegenstand einer besonderen Forschungsarbeit durch Fachleute werden, um identifiziert werden zu können.

Von unserem Kloster wurde 1995 eine bemerkenswerte Diplomarbeit über die "Drei unveröffentlichten Patriarchen-Bullen", von denen eine in unserer Schatzkammer ausgestellt wird, herausgegeben.

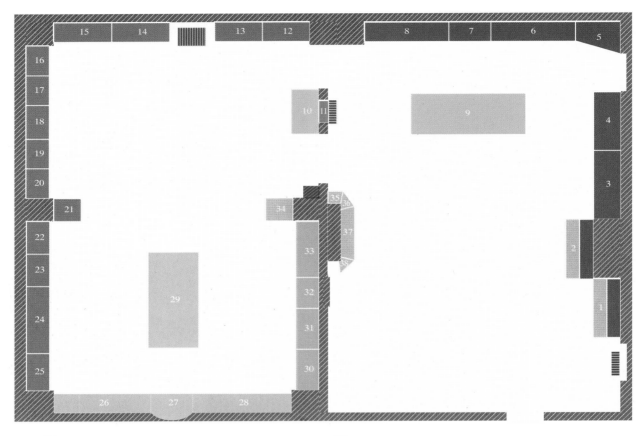

GRUNDRISS DER SCHATZKAMMER
KATALOG DER AUSSTELLUNGSOBJEKTE

GÜRTELSCHNALLEN - GÜRTEL - STOFFE

VITRINE 1
1. Gürtelschnalle aus vergoldetem Silber. 1816. 27x12 cm
2. Gürtelschnalle aus vergoldetem Silber. 1848. 20x9 cm
3. Silberne Gürtelschnalle. 19. Jh. 16x5 cm
4. Gürtelschnalle aus Perlmutt. 18. Jh., 17x6 cm
5. Gürtelschnalle aus Perlmutt. 18. Jh., 12x9 cm
6. Gürtelschnalle aus vergoldetem Silber. 18. Jh. 50x20 cm
7. Gürtelschnalle aus vergoldetem Silber. 19. Jh. 32x14 cm
8. Gürtelschnalle aus vergoldetem Silber. 18. Jh. 15x20 cm
9. Gürtelschnalle aus vergoldetem Silber. 18. Jh. 24x12 cm
10. Silberne Gürtelschnalle. 18. Jh. 18x7 cm
1a. Goldgewobenes Epitrachelion. 150x20 cm
1b. Goldgewobenes Epitrachelion. 150x20 cm

VITRINE 2
1. Goldbestickter Gürtel. 1756. 99x11 cm
2. Goldbestickter Gürtel. 18. Jh. 130x23 cm
3. Goldbestickter Gürtel. 18. Jh. 86x12 cm
4. Silberner Gürtel. 19. Jh. 160x6 cm
5. Goldbestickter Gürtel. 18. Jh. 93x12 cm
1a. Goldgewobenes Epitrachelion. 150x12 cm
1b. Goldgewobenes Epitrachelion. 145x20 cm

STOFFE

VITRINE 3
Goldbesticktes Epitaphion. 1857. 136x110 cm

VITRINE 4
1. Goldbestickte Manipel. 17. Jh. 32x22 cm
2. Goldbestickte Manipel. 17. Jh. 32x21 cm
3. Goldbesticktes Epigonation. 18. Jh. 30x29 cm
4. Goldbestickte Manipel. 17. Jh. 34x24 cm
5. Goldbestickte Manipel. 17. Jh. 35x25 cm
4a. Goldgewobenes Epitrachelion. 18. Jh. 147x20 cm
4b. Goldgewobenes Epitrachelion. 18. Jh. 155x20 cm

VITRINE 5
Goldbesticktes Epitrachelion. 17. Jh. 125x22 cm

VITRINE 6-8 PRIESTERGEWÄNDER
6.1. Priestergewand. 18. Jh. 125x75 cm
  2. Priestergewand. 18. Jh. 130x90 cm
7. Priestergewand. 18. Jh. 140x90 cm
8.1. Priestergewand. 18. Jh. 120x75 cm
  2. Priestergewand. 18. Jh. 120x80 cm

EVANGELIEN

VITRINE 9
1. Evangelium. 1874. 36x26 cm
2. Evangelium. 1787. 35x25 cm
3. Evangelium. 1883. 33x26 cm
4. Evangelium. 1645. 29x21 cm
5. Bischofsstab. 17. Jh. 160x4 cm

VITRINE 10
1. Einband eines Evangeliums. 17. Jh. 27x15 cm
2. Umschlaghülle eines Evangeliums. 1576. 13,5x9 cm

■ IKONEN

VITRINEN 11-25

11.1. Mariä Verkündigung - Apostel Bartholomäos.
18. Jh. 15,5x10,5 cm

2. Lichtmess - Apostel Simon.
18. Jh. 15,5x10 cm

3. Taufe - Apostel Andreas.
18. Jh. 16x10cm

12.1. Himmelfahrt. 17. Jh. 32x29 cm

2. Pfingsten. 17. Jh. 31x30 cm

13.1. Der heilige Dimitrios. 18. Jh. 30x20 cm

2. Der heilige Georgios. 17. Jh. 33x26cm

14.1. Mariä Tempelgang. 17. Jh. 32x44 cm

2. Die Apostel Petrus und Paulus.
17. Jh. 31x42 cm

15. Jesus Christus der Weltenherrscher.
17. Jh. 63x52 cm

16. Die Heiligen Stephanos und Charalambos.
1718. 69x40 cm

17. Jesus Christus der Erlöser. 17. Jh. 66x50 cm

18. Jesus Christus der Lebensspender. 17. Jh. 38x29 cm

19. Die Gottesmutter die Barmherzige. 17. Jh. 64x57 cm

20. Die Gottesmutter die Unbefleckte. 17. Jh. 74x46 cm

21. Die Kreuzabnahme. 1670. 29,5x22,5 cm

22.1. Die Gottesmutter. 18. Jh. 19x25 cm

2. Die Gottesmutter. 18. Jh. 19x15 cm

23.1. Der heilige Alypios. 18. Jh. 30x22,5 cm

2. Der heilige Georgios. 17. Jh. 27x22 cm

24. Bematür der Kirche des heiligen Stephanos. 16. Jh.
75x125 cm

25. Die Gottesmutter die Barmherzige. 18. Jh. 50x37 cm

■ HANDSCHRIFTEN-URKUNDEN-ALTE DRUCKE

VITRINE 26

1a. Pergament-Fragment. 6. Jh. 24x20 cm

1b. Pergament-Fragment. 6. Jh. 20x15,5 cm

2. Pergament-Fragment. 12. Jh. 31,5x18,5 cm

3. Pergament-Fragment. 12. Jh. 23x16,5 cm

4. Patriarchen-Urkunde. 1650. 42x30,5 cm

VITRINE 27

Patriarchen-Bulle. 1605. 67x44 cm

VITRINE 28

1. Werke des Aristoteles. 1498. 31x24 cm

2. Wörterbuch von Suidas. 1499. 35x26,5 cm

3. Wörterbuch von Varinos-Favorinos. 1499. 40x30 cm

VITRINE 29

1. Gottesdienste. 1632. 26,5x20 cm

2. Gottesdienste. 17. Jh. 20x14 cm

3. Musik-Kodex. 18. Jh. 22x16 cm

4. Leben des heiligen Athanassios des Meteoriters.
18. Jh. 15x10 cm

5. Gottesdienste. 1643/4. 29x19 cm

6. Der Gottesdienst. 1641. 22x15 cm

■ KREUZE

VITRINE 30

1. Prozessionskreuz aus Metall. 18. Jh. 41x17 cm

2. Holzgeschnitztes Segnungskreuz. 18. Jh. 24x10 cm

3. Holzgeschnitztes Segnungskreuz. 18. Jh. 24x11 cm

4. Holzgeschnitztes Benediktionskreuz. 1844. 24x11 cm

VITRINE 31

1. Holzgeschnitztes Prozessionskreuz. 18. Jh. 44x14 cm

2. Holzgeschnitztes Benediktionskreuz. 18. Jh. 18x7 cm

3. Holzgeschnitztes Benediktionskreuz. 18. Jh. 18x7 cm

4. Holzgeschnitztes Brustkreuz. 18. Jh. 10x6 cm

VITRINE 32

1. Brustkreuz. 1672. 17x7 cm

2. Brustkreuz. 18. Jh. 18,5x9 cm

3. Brustkreuz. 1832. 20x7,5 cm

4. Brustkreuz. 19. Jh. 5x5 cm

5. Brustkreuz. 19. Jh. 12x6 cm

6. Brustkreuz. 19. Jh. 5x3,5 cm

VITRINE 33

1. Holzgeschnitztes Benediktionskreuz. 1758. 21x10,5 cm

2. Holzgeschnitztes Benediktionskreuz. 1765. 33x16 cm

3. Holzgeschnitztes Benediktionskreuz. 18. Jh. 22x10 cm

■ LITURGISCHE GERÄTE

VITRINE 34

Weihrauchfass aus vergoldetem Silber. 19. Jh. 78x14 cm

VITRINE 35

1. Silbernes Weihrauchfass. 19. Jh. 64x31 cm

2. Silbernes Weihrauchfass. 19. Jh. 75x12 cm

3. Gatzio (Weihrauchständer). 19. Jh. 23x12 cm

VITRINE 36

1. Abendmahlskelch aus vergoldetem Silber. 1630. 20x12 cm

2. Weihwasserkessel. 18. Jh. 21x5 cm

3. Weihwasserkessel. 18. Jh. 17x5 cm

4. Hostiendose. 19. Jh. 16x4 cm

5. Hostiendose. 19. Jh. 17x4 cm

VITRINE 37

1. Silberner Abendmahlskelch. 19. Jh. 22x16 cm

2. Silberner Abendmahlskelch. 19. Jh. 23x18 cm

3. Silberner Abendmahlskelch. 19. Jh. 25x13 cm

4a. Silberner Zeon. 19. Jh. 8x7 cm

4b. Silberner Zeon. 19. Jh. 7x7 cm

5.a.b.c. Kommunionslöffel. 19.Jh.
15x3,5, 12x2 und 16,5x3,5 cm

5.a.b.c. Heilige Lanzen. 19. Jh.
15x3, 12x2 und 16x3 cm

6. Patene. 19. Jh. 17x18 cm

7. Hostiendose. 19. Jh. 17x7 cm

VITRINE 38

1. Liturgisches Hilfsgerät. 19. Jh. 14x16 cm

2. Liturgisches Hilfsgerät. 19. Jh. 23x10 cm

3. Messgarnitur für Wein und Wasser. 19. Jh. 21x14 cm

■ Bischofsthron. 17. Jh. 205x66 cm

■ Lesepult. 17. Jh., 122x38 cm

■ Truhen. 17. Jh., 88x41 und 98x38 cm

1

1. Die Kreuzabnahme. 1670. 29,5x22,5 cm
Werk des Emmanuel Tzanes, eines der bedeutendsten Vertreters der Kretischen Schule.
Rechts: Detail

2. Die Gottesmutter die Barmherzige. 17. Jh. 64x57 cm
Rechts: Detail

3

3. Christus der Lebensspender. 17. Jh. 38x29 cm
Rechts: Detail

4

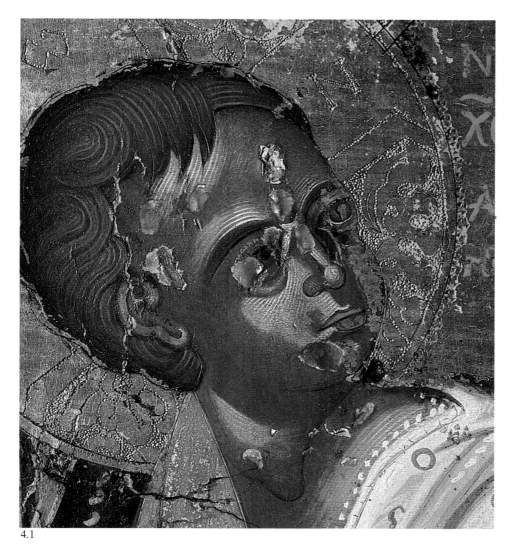

4.1

4. Die Gottesmutter
die Unbefleckte.
1715.
74x46 cm.
Sie wird auch als
Gottesmutter des
Leidens
erwähnt, da die bei-
den Engel zu ihrer
Seite
die Lanze, den
Schwamm und das
Kreuz halten,
die Symbole des
Leidens.
4.1, 4.2, 4.3 Details

4.2

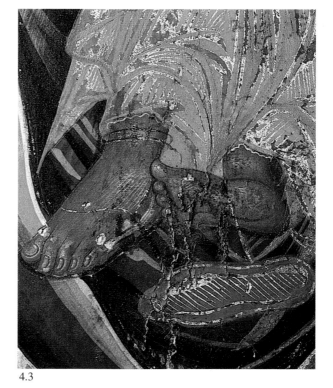

4.3

5.1

5.2

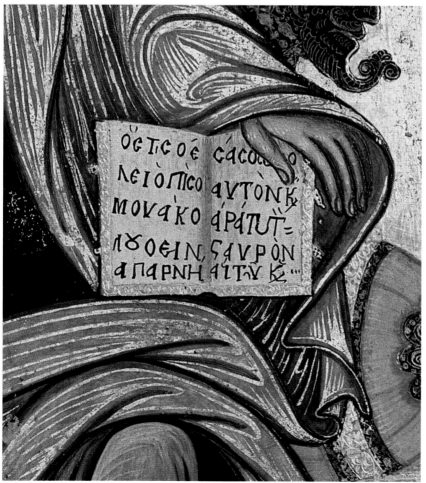

5.3

5.Jesus Christus der
Weltenherrscher.
17. Jh. 63x52 cm.
In den vier Ecken sind die
Symbole der vier
Evangelisten abgebildet.
5.1, 5.2, 5.3 Details

6. Der Heilige Georgios. 17. Jh. 33x26 cm.

7

7. Der Heilige Georgios der Trophäenträger. 17. Jh. 27x22 cm.
Einer der weniger üblichen Fälle, wo der Heilige Georgios auf dem Thron abgebildet ist.

8

9

8. Der Heilige Stephanos und der Heilige Charalambos. 1718. 69x40 cm.
Die beiden Schutzheiligen des Klosters halten es in ihren Händen.
9. Der Heilige Alypios. 18. Jh. 30x22,5 cm.

10. Die Gottesmutter die Barmherzige. 18. Jh. 50x37 cm.

11

11.1

12

11. Die Taufe Christi. 18. Jh. 16x10 cm.
Zweiseitige Ikone.
11.1 Zwiete Seite: der Apostel Andreas
12. Die Lichtmess (Ypapanti) Christi. 18. Jh.
15,5x10 cm. Zweiseitige Ikone.

13. Kodex 18. Gottesdienste. 1643/4. 29x19 cm. Kodexschreiber Jesaja.
13.1, 13.2 Details mit Schriftbeispiel und Miniatur.

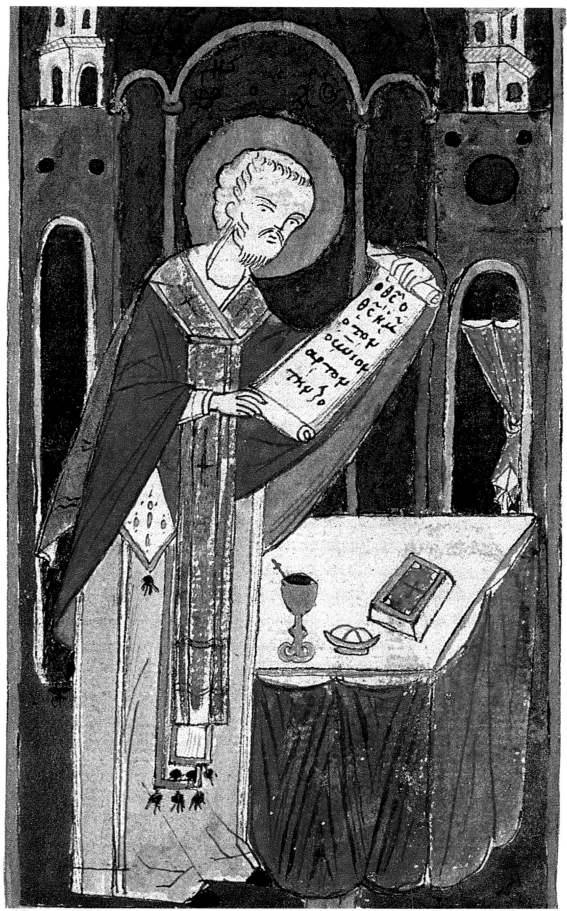

13.2

13.5

13.3

13.6

13.4

13.3, 13.4, 13.5, 13.6 Details des Kodexes 18.

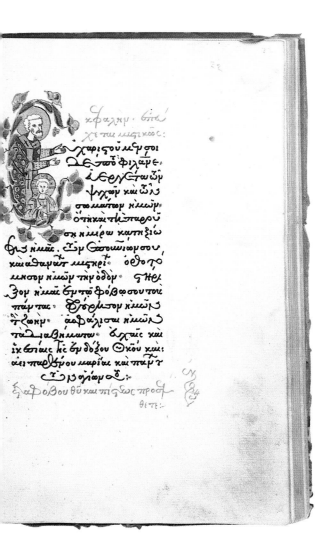

13.7

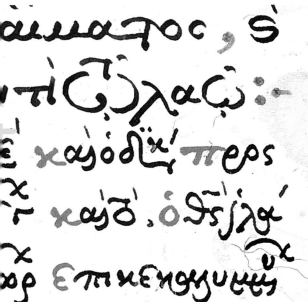

13.7, 13.8 Details des Kodexes 18 mit verzierten Initialen.

13.8

14

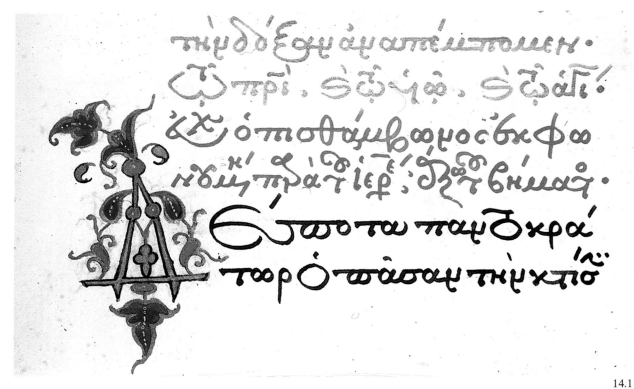

14.1

14. Kodex 103. Gottesdienste.1632. 26,5x20 cm. Kodexschreiber Jakob, Prälat.
14.1, 14.2 Details mit Schriftbeispiel und Miniatur.

14.2

14.3

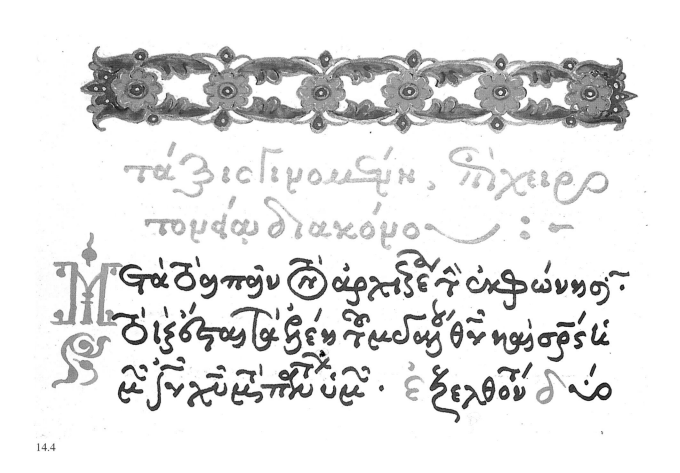

14.4

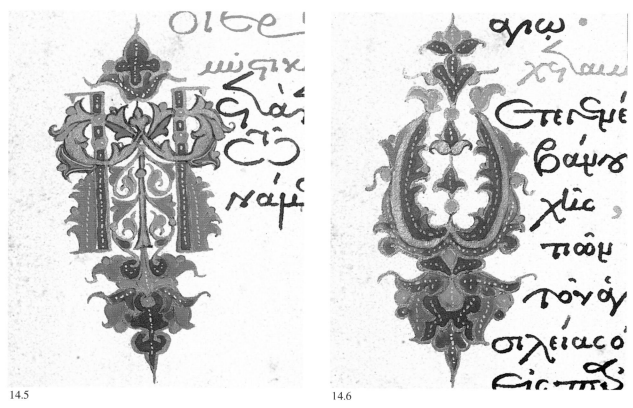

14.5

14.6

14.3, 14.4, 14.5, 14.6 Details des Kodexes 103 mit Miniatur, Schriftbeispiel und verzierten Initialen.

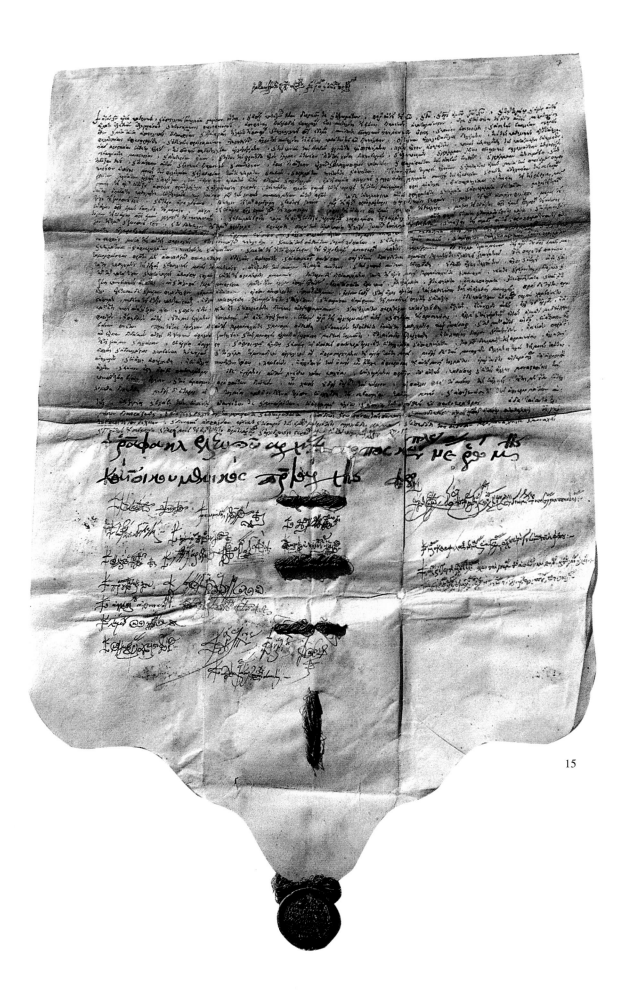

16

15. Patriarchen-Bulle des Patriarchen von Konstantinopel Raphael II. 1605. 67x44 cm.
16. Pergament-Fragment. Großbuchstaben-Schrift. 6. Jh. 24x20 cm.

17. Evangelium. 1645. 29x21 cm. Bucheinband aus Samt mit kunstvoller Silber- und Goldverzierung.
Auf dem Medaillon in der Mitte ist Christus abgebildet, links und rechts von Ihm die Gottesmutter mit
Johannes dem Täufer (Prodromos), vier Seraphim (sechsflügelige himmlische Wesen) und in den Ecken
die Symbole der vier Evangelisten.
17.1, 17.2, 17.3 Details

17.1

17.2

17.3

49

18

18. Evangelium. 1787. 35x25 cm. Bucheinband aus Samt mit kunstvoller Silber- und Goldverzierung.
Im Zentrum die Auferstehung Christi und in den Ecken die vier Evangelisten.
18.1, 18.2, 18.3, 18.4 Details

18.1

18.2

18.3

18.4

19

19. Evangelium. 1883. 33x26 cm.
Bucheinband aus Samt mit kunstvoller Silber- und Goldverzierung. Im Zentrum die Kreuzigung
Christi und in den vier Ecken die Propheten David, Solomon, Daniel und Jeremias.
Auf der Rückseite des Evangeliums ist im Zentrum die Auferstehung Christi dargestellt und in den
Ecken die vier Evangelisten.

20

20.1

20. Umschlaghülle eines
Evange-liums. 1576.
13,5x9 cm.
Auf der Vorderseite ist
Christus
auf einem Medaillon abge-
bildet
und in den vier Ecken
die Symbole der vier Evangelisten.
Auf der Rückseite die
Auferstehung Christi.
20.1 Details

21

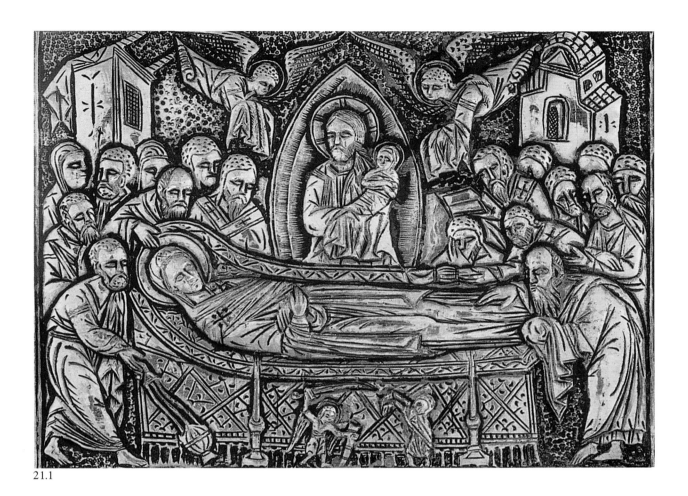

21.1

21.2

21. Bucheinband eines
Evangeliums. 17. Jh.
27x15 cm.
Man erkennt der
Reihe nach folgende
Darstellungen:
Mariä Verkündigung,
Geburt, Lichtmess,
Pfingsten, Himmel-
fahrt, Auferstehung,
Steinigung des Heili-
gen Stephanos, Taufe,
Palmenträger, Auf-
erstehung des Laza-
ros, Kreuzigung,
Mariä Himmelfahrt,
Verklärung Christi.
21.1, 21.2 Details

Θ ΕΥΧΗ ΜΩΝ ΙΩΣΗΦ ΑΠΟ ΤΟΥ ΞΥΛ...

ΙΟΦ

ΙΣ ΧΣ

ΙΩΝ ΜΡ ΘΥ ΣΑΛ

...ΑΙ ΑΡΩΜΑΞΙΝ ΕΝ ΜΝΗΜΑΤΙ ΚΑΙΝΩ ΚΗ...

ΔΕΗΣΑΣ ΑΠ ΕΞΘ ΤΩ 1857 Μαρ 9

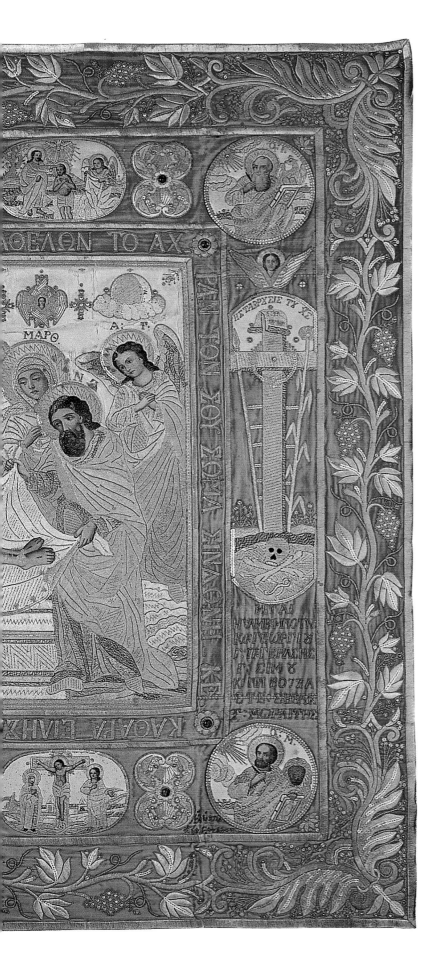

22. Goldbesticktes Epitaphion (Grabtuch). 1857. 136x110 cm. Bei der personenreichen Darstellung im Zentrum sind folgende Gestalten abgebildet, die über dem Leichnam Christi trauern: der Erzengel Michael mit Joseph, der Evangelist Johannes mit der Gottesmutter, die drei Myrrhe-tragenden Frauen: Salome, Maria und Magdalene sowie Martha und Ni-kodemos mit dem Erzengel Gabriel. Diese zentrale Komposition umrahmen zwei Reihen von
ergänzenden Darstellungen.
In der oberen Reihe: Mariä Verkündigung, die Heilige Dreifaltigkeit und die Taufe Christi. In der unteren Reihe:
Die Auferstehung Christi, das Abendmahl und die Kreuzigung Christi. In den vier Ecken sind die vier Evangelisten abgebildet.
Die Darstellungen werden durch reiche Pflanzenornamentik ergänzt. Das Epitaphion wurde im Gebiet Boutoi in Rumänien
gestickt, wo das Kloster ein Klostergut unterhielt.

22.1

22.2

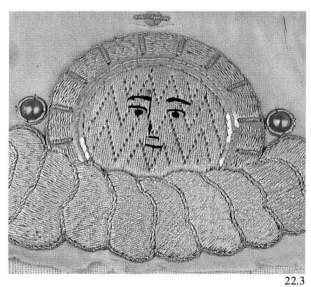

22.3

22.1, 22.2, 22.3 Details des Epitaphion.

22.4

22.5

22.6

22.4, 22.5, 22.6 Details des Epitaphion.

22.7

22.8

22.9

22.7, 22.8, 22.9, 22.10, 22.11, 22.12 Details des Epitaphion.

22.10

22.11

22.12

61

22.13

22.14

22.13, 22.14, 22.15
Details des Epitaphion.

22.15

22.16

22.17

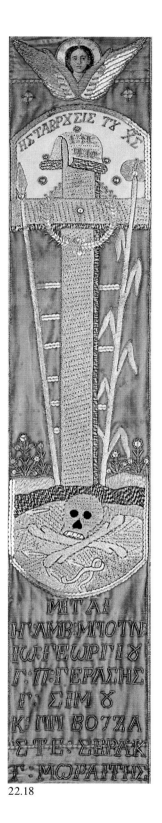

22.18

22.16, 22.17, 22.18
Details des Epitaphion.

23

23. Priestergewand. 18. Jh. 140x90 cm.
24. Goldgewobenes Epitrachelion. 18. Jh. 150x20 cm.
25. Goldgewobenes Epitrachelion. 18. Jh. 150x20 cm.

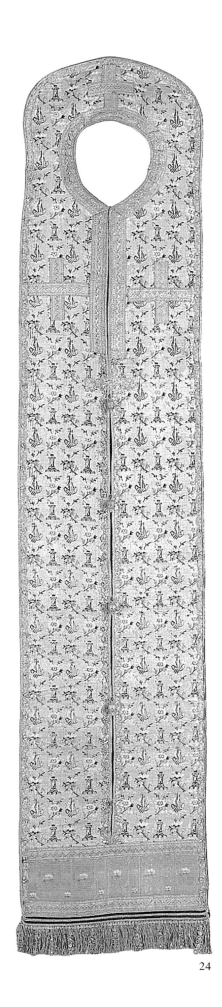

24

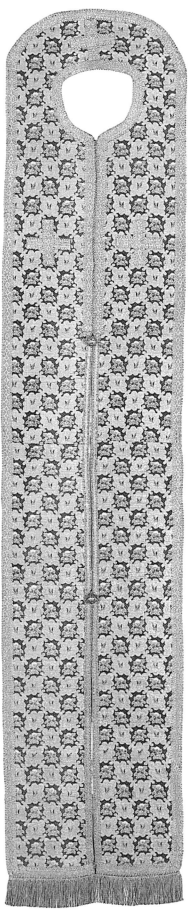

25

65

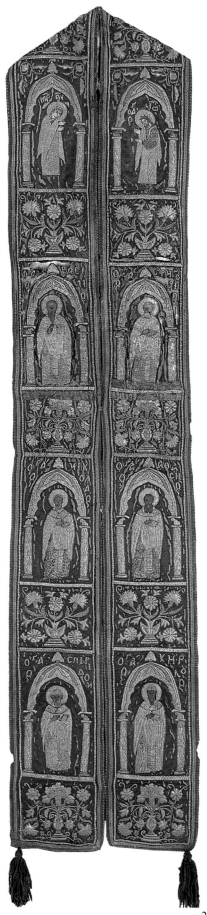

26.1

26.2

26

27

28

27.1

28.1

26. Goldbesticktes Epitrachelion. 17. Jh. 12x13 cm.
Tiefrotes Seidentuch, bestickt mit goldenen, silbernen und farbigen Garnen.
Beim Halsausschnitt ist Christus als Oberpriester abgebildet.
Es folgen in Paaren: Die Gottesmutter mit Johannes dem Täufer, Basil der Große mit dem heiligen Gregor,
der heilige Nikolaos mit dem heiligen Athanassios und der heilige Spyridon mit dem heiligen Kyrillos.
27, 28. Goldbestickte Manipel mit der Darstellung der Mariä Verkündigung und einer reichen
Pflanzenornamentik. 17. Jh. 32x22 und 32x21 cm.
26.1, 26.2, 27.1, 28.1 Details

29

29.1

29.2

29. Benediktionskreuz. 1765. 33x16 cm.
Holzgeschnitzt mit Metallverkleidung und
Filigran-Verzierung sowie Glasperlen.
Das Kreuz ist zweiseitig mit Darstellungen
verziert. Auf der 1. Seite: Der Hochbetagte
(Gott), Himmelfahrt, Auferstehung, Kreuzigung,
Verklärung Christi, Abnahme vom Kreuz, Pal-
menträger, die Heiligen Konstantinos und Helene
und zwei Evangelisten.
29.1, 29.2, 29.3, 29.4 Details.

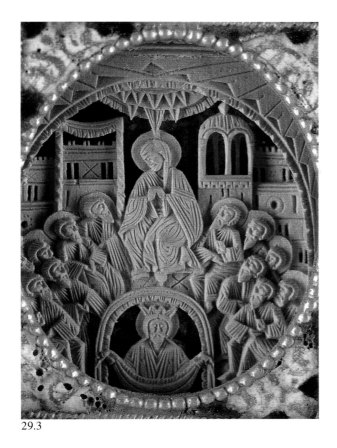

29.3

29.5

29.4

29.5 Die 2. Seite des Kreuzes zeigt folgende Darstellungen: Engel, Pfingsten, Mariä Verkündigung, Taufe, Lichtmess, Geburt, Mariä Tempelgang und zwei Evangelisten.

30

30.1

30.2

30. Benediktionskreuz. 18. Jh. 22x10 cm
Holzgeschnitzt mit Metalleinfassung und
Filigranverzierung und Emaille.
Das Kreuz ist zweiseitig mit Darstellungen
verziert. Auf der 1. Seite: Mariä Verkündigung,
Taufe, Lichtmess und zwei Evangelisten.
Auf der 2. Seite: Auferstehung, Kreuzigung,
Abnahme vom Kreuz und zwei Evangelisten.
30.1, 30.2 Details

31.1

31.2

31

31. Holzgeschnitztes Prozessionskreuz. 18. Jh.
44x14 cm. Auf der 1. Seite: Mariä Verkündigung,
Lichtmess, Geburt, Mariä Himmelfahrt, Taufe
Pfingsten, zwei Evangelisten und zwei Engel.
Auf der 2. Seite: Verklärung Christi, Palmenträger, Kreuzigung, Auferstehung des Lazaros,
Auferstehung, Himmelfahrt, die Heiligen Petrus
und Paulus und zwei Evangelisten.
31.1, 31.2 Details

32.1

32

33

32.2

32. Gürtelschnalle aus vergoldetem Silber. 18. Jh.
24x12cm. Im Zentrum ist Christus abgebildet. Auf
dem linken Teil die Auferstehung und auf dem
rechten die Gottesmutter mit Christus zwischen
dem Heiligen Nikolaos und der
Heiligen Katherina. Die Thematik wird ergänzt
von kleineren Randdarstellungen.
32.1, 32.2 Details

33.1

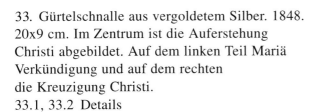

33. Gürtelschnalle aus vergoldetem Silber. 1848.
20x9 cm. Im Zentrum ist die Auferstehung
Christi abgebildet. Auf dem linken Teil Mariä
Verkündigung und auf dem rechten
die Kreuzigung Christi.
33.1, 33.2 Details

33.2

34

34.1

35

34. Goldbestickter Gürtel mit vergoldeter Silberschnalle. 1756. 99x11 cm.
Der Gürtel ist reich verziert mit Pflanzen- und Tiermotiven.
34.1, 34.2 Details

34.2

36

35. Gürtelschnalle aus vergoldetem Silber. 1816. 10x12 cm. Auf dem linken Teil ist Christus auf dem Abendmahlskelch abgebildet, auf dem rechten Mariä Verkündigung.

36. Gürtelschnalle aus Perlmutt mit Silber- und Goldverzierung. 18. Jh. 17x6 cm.

37

37. Abendmahlskelch aus vergoldetem Silber. 19. Jh. 22x16 cm.
38. Heilige Lanze aus vergoldetem Silber. 19. Jh. 12x2,5 cm.
39. Kommunionslöffel aus vergoldetem Silber. 19. Jh. 12x2 cm.
40. Silberner Zeon (kleiner Behälter für kochendes Wasser). 19. Jh. 8x7 cm.
41. Abendmahlskelch aus vergoldetem Silber. 1630. 20x12 cm.

42

42.1

42.2

44

42. Weihrauchfass aus vergoldetem Silber. 19. Jh. 78x14 cm.
42.1, 42.2 Details
43. Silbernes Weihrauchfass. 19. Jh. 64x31 cm.
44. Silbernes Weihrauchfass. 19. Jh. 75x12 cm.

43